PROJET

DE

RÉFORME NOTARIALE

par A. CLERMONT

Notaire à Pont-du-Château (Puy-de-Dôme)

*Ce projet a été approuvé en principe par la
Compagnie des Notaires de Clermont-Ferrand*

CLERMONT-FERRAND
IMPRIMERIE MODERNE, MME A. DUMONT, DIR^E
15, Rue du Port, 15
—
1919

PROJET

DE

RÉFORME NOTARIALE

par A. CLERMONT

Notaire à Pont-du-Château (Puy-de-Dôme)

Ce projet a été approuvé en principe par la
Compagnie des Notaires de Clermont-Ferrand

CLERMONT-FERRAND

IMPRIMERIE MODERNE, MME A. DUMONT, DIR^R

15, Rue du Port, 15

1919

PROJET DE RÉFORME NOTARIALE

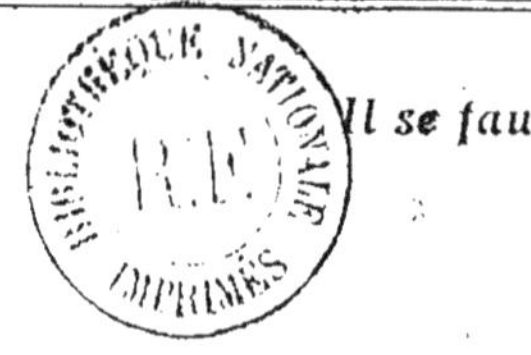

Il se faut entr'aider : c'est la loi de nature
LA FONTAINE.

CHAPITRE PREMIER

Nécessité d'une Réforme

I

Nous venons de vivre des heures tragiques ; et l'écho
nous arrive encore de ce fracas épouvantable dont parle
Bossuet, et qui accompagne la chûte des empires. La
grande convulsion mondiale, cause de ces ruines, a
secoué toute la planète ; les nations vaincues se sont
écroulées et les nations victorieuses ont été ébranlées ;
dans les premières, l'édifice social est à reconstruire
sur de nouvelles bases ; dans les secondes, les institu-
tions intérieures doivent s'harmoniser avec les temps
nouveaux ou disparaître.

La corporation notariale a subi, elle aussi, la puis-
sante commotion et si elle veut vivre, elle doit chan-
ger quelque chose à une organisation qu'elle s'était
habituée à considérer comme immuable.

Dans les trente années qui ont précédé la guerre,
le Notariat a traversé une crise redoutable ; les ruines
se sont amoncelées, beaucoup de notaires ont souffert
en silence, attendant des jours meilleurs qui ne sont
pas venus ; mais pendant ce laps de temps combien
pénible a été leur situation ! Il est bon de le rappeler ;
des familles ruinées ; des notaires, après une vie de
travail, finissant leur vie pénible et laborieuse dans
une misère imméritée ; des catastrophes inévitables
qui ont jeté le discrédit sur le Notariat ; tel est le bilan
de cette période difficile.

Les distributions de secours, faites par l'Association
de Prévoyance du Notariat de France, attestent la réalité de ces faits ; et cependant l'Association ne con-

naît qu'un petit nombre de cas ; les victimes sont bien plus nombreuses. Nous ne pouvons les connaître toutes, car ceux qui ont manqué leur vie et englouti leur fortune dans le Notariat en quittant la corporation, tombent dans l'oubli avec leurs douloureux secrets.

Nous pouvons toutefois supputer le nombre de ceux qui ont souffert en consultant des statistiques officielles, établissant avec la clarté et la brutalité des chiffres, la situation matérielle du Notariat de France.

Citons donc des chiffres (1).

En 1895 on comptait :

Etudes d'un produit brut de moins de 1.000 fr.   209
Etudes d'un produit brut de 1.000 à 5.000   2.092
Etudes d'un produit brut de 5.000 à 10.000   2.608
Etudes d'un produit brut au-dessus de 10.000   4.001

A défaut de statistiques plus récentes on peut affirmer sans crainte d'erreur, qu'immédiatement avant la guerre, la situation avait plutôt empiré, puisque le nombre des actes, malgré l'accroissement constant des grosses études avait encore diminué.

Mais après l'ouverture des hostilités, les produits dans leur ensemble ont subi une réduction des deux tiers ; concluons donc qu'à l'heure actuelle 6.000 études environ, ne peuvent assurer l'existence de leurs titulaires, et que ces derniers ont dû, pendant près de cinq ans, faire face à des charges écrasantes au moyen de leurs revenus, ceux qui en ont, et les autres, les plus nombreux, par des prélèvements successifs sur leur capital.

On objectera que dans un avenir rapproché une amélioration se produira ; mais, les pertes subies du chef de la guerre resteront irréparables, et l'amélioration attendue constitue, au moins pour les petites études une pure hypothèse. Elles attendront sans doute longtemps que leur situation d'avant-guerre soit rétablie. Echapperons-nous seulement à la vague révolutionnaire qui s'étend actuellement sur la plus grande partie de l'Europe ? Et le Notariat des pays envahis comment pourra-t-il se relever ?

---

(1) Ces chiffres figurent au Bulletin Officiel du Ministère de la Justice. Année 1895.

En mettant les choses au mieux, et en admettant que
la France soit à l'abri de tout péril révolutionnaire,
il faudra toujours compter avec le désarroi et le bou-
leversement économiques prooqués par la guerre. Si
certaines études se relèvent, d'autres péricliteront et
le Notariat sera critiqué et attaqué, aussi longtemps
qu'on n'aura pas assuré à tous les notaires le moyen
de vivre de leur profession. C'est absolument obliga-
toire, puisque toute autre occupation leur est inter-
dite.

II

Le malaise notarial n'est dû ni à la négligence, ni
à l'improbité, ni à l'incapacité des notaires, mais bien
à une évolution politique économique et sociale, que
le Notariat a dû subir et dont il n'est à aucun degré
responsable.

Les causes qui ont si malheureusement influé sur
l'état intérieur de la corporation, peuvent se résumer
ainsi :

1° Extension de l'instruction publique ;

2° Facilité des communications ;

3° Crise agricole et baisse de la valeur de la terre ;

4° Emigration de la population des campagnes dans
les villes ;

5° Emploi des capitaux en valeurs mobilières ;

6° Jurisprudence trop sévère des Tribunaux en ce
qui concerne le Notariat et responsabilité exagérée des
notaires :

7° Petite guerre de certains parlementaires au Notariat ;

8° Inégalité du ressort notarial institué par la loi
du 25 ventôse an XI.

Il faudrait, pour montrer à des lecteurs étrangers
au Notariat la réalité de ces faits et leurs conséquen-
ces, de longs développements, dépassant le cadre de
cette modeste étude, destinée seulement aux notaires
et aux personnes intéressées dans la question notariale pour lesquelles une simple énumération suffit.
Il y a lieu seulement de constater que ces causes gé-
nératrices de la crise notariale continueront d'exister

dans l'avenir et par suite leurs effets. Seule la question du ressort peut être tranchée par voie législative.

Quand nous aurons ajouté qu'avec l'organisation actuelle il est presque impossible à 4 ou 5.000 notaires de trouver des successeurs ; que les petites études devenues vacantes le restent ; et que le recrutement du Notariat des campagnes et des petites villes devient de plus en plus difficile ; il faudra bien admettre qu'une réforme est nécessaire et urgente.

III

Depuis trente ans, on parle de réformer le Notariat, on a même réformé à plusieurs reprises.

Ce sont d'abord le décret du 30 janvier et l'arrêté du 15 février 1890 sur la comptabilité notariale. Voilà peut-être la mesure la plus utile qui ait été prise, mais elle a produit ce qu'elle pouvait produire, et c'est à tort qu'on voit dans des vérifications de plus en plus minutieuses une panacée, un remède qui doit tout guérir. C'est là une illusion ; car, dire à un notaire dont tout l'avoir est immobilisé sur une étude, et qui gagne 1.500 francs pour couvrir 4.000 francs de charges, qu'il est le seul artisan de son malheur et qu'une comptabilité bien tenue lui permettra de remédier à sa périlleuse situation, c'est une dérision. Et c'est le cas de beaucoup de notaires.

Ensuite, vient la loi du 20 juin 1896, suivie des décrets du 25 août 1898, sur le tarif légal ; on sait ce qu'il en est résulté : une augmentation à peine sensible d'honoraires établis par des tarifs précédents, en usage depuis un siècle. Cela n'a pas empêché et ne pouvait empêcher les produits des petites études de suivre une progression descendante.

Enfin la loi du 12 août 1902, permettant de ne laisser subsister qu'une étude par canton, n'a produit que des résultats insignifiants. Comment pourrait-il en être autrement ? Les suppressions que la loi veut favoriser ont lieu dans des régions où la crise est aiguë ; les indemnités de suppression sont, ruineuses pour les titulaires ou leurs héritiers, et constituent une charge accablante pour les Notaires appelés à les payer, qui n'en retirent généralement aucun profit et dont les produits continuent de baisser après comme avant.

Depuis 1895, mille études environ, ont été supprimées. Quel bien en est-il résulté pour le Notariat ? Aucun. D'autres études sont devenues improductives, et, nouvelles indésirables, ont remplacé les disparues, mais l'existence des notaires est devenue de plus en plus pénible.

Et d'ailleurs, si on arrivait à supprimer un grand nombre d'études, des régions entières seraient dépourvues de notaires, et comme le Notariat est un grand service public devant d'après la loi, fonctionner sur l'ensemble du territoire national, l'Etat interviendrait fatalement pour assurer ce fonctionnement.

La loi du 2 août 1902 a produit un effet heureux par l'institution de l'examen professionnel : c'est entendu. Cependant on ne saurait prétendre que le Notariat en ait retiré un profit pécuniaire.

D'autre part, à maintes reprises, des projets de réforme dûs à l'initiative parlementaire ont été déposées sur les bureaux des Chambres ; presque tous étaient hostiles au Notariat et ont eu les honneurs d'un enterrement de première classe, mais peut-on se flatter qu'il en sera toujours ainsi ? Si ces projets ont été écartés, c'est grâce à l'intervention des divers gardes des sceaux, qui tous ont défendu le Notariat contre des attaques passionnées et injustes.

Constatons donc que les réformes réalisées jusqu'à ce jour ont été à peu près inopérantes et n'ont pas amélioré la situation matérielle du Notariat.

IV

Cette amélioration sera-t-elle obtenue par les réformes actuellement à l'étude ?

On s'est ému en haut lieu de la situation créée par la guerre aux titulaires des petites études, et on a songé à une augmentation de tarif : c'était de toute justice puisqu'on a relevé les traitements des fonctionnaires, alloué des indemnités de cherté de vie et distribué sans compter, allocations et secours de toute nature. La situation des notaires était autrement pénible que celle des bénéficiaires de ces faveurs, puisque ces derniers continuaient de toucher leurs traitements ou leurs salaires, alors que les recettes des notaires disparaissaient pour ne laisser subsister que leur charges et que leur capital s'évanouissait en même temps que leurs revenus.

La sollicitude gouvernementale était donc bien justifiée, mais la bonne volonté ne suffit pas ; on s'est aperçu sans doute après avoir préparé le décret que l'augmentation projetée de 30 % donnait comme résultat de faire passer les produits d'un notaire de campagne gagnant 1.500 fr., à 1.950 et ceux d'un notaire de Paris gagnant 300.000 à 390.000. Le but poursuivi n'était pas atteint et le décret est resté à l'état de projet, mais on a pu se rendre compte qu'avec l'organisation actuelle du Notariat, on ne pouvait guère augmenter de 500 francs les produits d'une étude de campagne sans augmenter « ipso facto », de 100.000 francs, ceux des études de Paris.

Seulement la situation est tellement grave, qu'il faut faire quelque chose. On a donc institué au Ministère de la Justice une commission chargée de rechercher les modifications à introduire dans le Notariat. Cette commission comprendra, sans doute, un notaire de Paris et un gros notaire de province, qui proposeront d'accorder aux notaires de troisième classe, les mêmes droits de rôle et de vacation qu'aux notaires de deuxième classe, et peut-être quelques autres améliorations de détail. On aura fait quelque chose ; mais la crise notariale ne sera pas conjurée ; il y aura toujours des milliers de notaires qui ne pourront vivre de leur profession.

Toutes ces réformes de détail sont sans effets utiles. Elles ne remédient en rien au déplacement de clientèle et de richesse dont les grandes villes ont bénéficié au détriment des campagnes. Elles constituent des palliatifs tout à fait insuffisants qui n'ont d'autre résultat que de prolonger un statu quo devenu intolérable.

Ce qui est étonnant, c'est que les titulaires des petites études aient souffert si longtemps sans se grouper, pour formuler leurs réclamations, ce qui ne saurait s'expliquer que par leur attachement à leur corporation, et que rien de sérieux n'ait été tenté en leur faveur par les dirigeants du Notariat, qui assument à l'heure actuelle la tâche de les représenter.

Si la solidarité morale existant dans le Notariat avait eu pour corollaire une solidarité effective ; si les notaires favorisés par l'évolution économique avaient possédé, même à un degré moindre la mentalité de ces ouvriers mineurs qui recueillaient temporairement les enfants de leurs camarades en grève, il y a beau temps que la crise notariale aurait été conjurée. Si toutes les fois qu'une plainte s'était élevée, de ce qu'on a appelé le prolétariat notarial on ne s'était contenté de gémir, quelquefois en des discours éloquents et de répondre ; nous sommes impuissants ; c'est un cas de force majeure, on aurait trouvé le remède.

Ce remède qui n'est pas aussi introuvable qu'on le croît ; les notaires de l'arrondissement de Sarlat ne se sont pas attachés à le chercher. Rompant résolument avec la légalité pour rentrer dans la justice, ils ont majoré leur tarif de 50 %. Leur geste est périlleux ; mais par ce temps de taxes non observées on peut invoquer en leur faveur bien des circonstances atténuantes ; et ce geste, qui pour être illégal, ne manque pas d'énergie, pose hardiment la question de réforme.

A bref délai on va procéder à la réorganisation administrative et judiciaire de la France ; le Notariat ne passera pas inaperçu et l'ancien mot d'ordre de ne rien demander pour ne pas provoquer les interventions hostiles a fait son temps.

Déjà, M. Gruet, député de la Côte-d'Or a déposé un projet de suppression de la vénalité des charges. Ce projet, s'il devait être voté, ne pourrait l'être qu'après avoir été modifié par de nombreux amendements, toutefois, il pourrait être l'origine d'un autre projet, auquel se rallieraient par milliers les titulaires des petites études, s'il était démontré que leur situation ne peut devenir meilleure avec l'organisation actuelle.

Il convient donc, que le Notariat élabore lui-même un projet de réforme, s'il ne veut pas voir cette réforme s'opérer en dehors de lui et contre lui.

CHAPITRE II

Plan de la Réforme

I

Quels doivent être les caractères de cette réforme ?

Pour être réellement efficace elle devrait atteindre les buts suivants :

1° Assurer au Notariat un fonctionnement régulier, aussi exempt de critiques que celui des grandes administrations publiques ;

2° Donner au public, dans ses rapports avec le Notariat, une sécurité absolue ;

3° Garantir aux notaires une situation matérielle, les préservant de la ruine et de la misère ;

4° Conserver l'organisation établie par la loi du 25 Ventôse au XI avec le minimum de changements.

C'est un programme bien vaste et paraissant difficile à exécuter. Il faut pourtant le réaliser si on veut éviter le rachat.

Hâtons-nous de dire que cela est possible et jettons dès maintenant les bases de la réforme.

Posons d'abord en principe :

1° Que l'Etat puise dans sa souveraineté le droit de modifier l'organisation notariale ;

2° Qu'on échange de nouveaux avantages concédés au Notariat, il peut imposer les modifications jugées nécessaires :

3° Qu'en les imposant, il doit pourtant respecter les droits acquis ;

4° Que les petites études doivent, sauf exception, être maintenues : l'exercice du notariat devant être assure partout, même dans les arrondissements où il n'existe que des études de cette catégorie.

II

Ces principes admis, passons à l'application et traçons l'esquisse d'une réforme à laquelle, pour plus de clarté, nous donnerons la forme d'un projet de loi.

PROJET DE LOI

ARTICLE PREMIER. — A partir de la promulgation de la présente loi, le tarif légal des notaires est augmenté de 50 %.

ART. 2. — Tous actes translatifs ou déclaratifs de propriétés immobilières ou de droits immobiliers, ainsi que les cessions de fonds de commerce et d'établissements industriels, seront, à peine de nullité, passés dans la forme des actes notariés.

ART. 3. — Le ressort de tous les notaires est fixé au département ; sauf en ce qui concerne les notaires de Paris, dont le ressort comprendra les départements de la Seine et de Seine-et-Oise.

ART. 4. — Il est créé entre tous les notaires de France une Bourse commune qui sera administrée par un Conseil, composé de délégués élus par les notaires par régions de Cours d'Appel et au suffrage universel.

L'organisation de cette Bourse commune, la composition, le mode de nomination et les attributions du Conseil d'Administration feront l'objet d'un règlement d'Administration publique.

ART. 5. — Chaque notaire versera à la Bourse commune un tiers de ses honoraires.

ART. 6. — La Bourse commune devra .

1° Garantir par voix d'assurance mutuelle ou par la constitution d'un fonds spécial, les dépôts effectués par le public dans les études de notaire, sauf subrogation à son profit, dans tous les droits et actions des créanciers désintéressés contre les Notaires débiteurs ;

2° Assurer à tout notaire, cessant ses fonctions après 25 ans d'exercice ou d'exercices cumulés, une pension de retraite de 3.000 francs, égale pour tous les notaires et reversible, en ce qui concerne le notaire marié pour un tiers sur la tête de la veuve.

Elle pourra en outre :

1° Faciliter la suppression des études reconnues inutiles en prenant à sa charge une partie de l'indemnité de suppression et en la majorant au besoin ;

2° Organiser, avec l'approbation de M. le Garde des

Sceaux, toutes autres améliorations réclamées par le Notariat, dans un but d'intérêt public ou corporatif.

Art. 7. — Comme conséquence de son obligation de garantie, la Bourse commune aura la haute direction de la vérification des comptabilités notariales et aucun candidat à une étude de notaire ne pourra être nommé, sans avoir obtenu d'elle un certificat d'admission.

Art. 8. — Après prélèvement des charges résultant de l'application des articles qui précèdent et des frais d'Administration, la Bourse commune répartira entre toutes les études de France, par égalité entre elles, le reliquat disponible des sommes par elle encaissées dans le cours de l'année.

Le premier exercice de là Bourse commune sera réduit à la fraction d'année à courir du premier jour de son fonctionnement au premier janvier suivant.

CHAPITRE III

Effets de la Réforme

I

Pour rendre plus apparente les effets de la réforme qui vient d'être exposée, raisonnons sur des chiffres :

Les statistiques d'avant guerre nous apprennent que les honoraires perçus dans toutes les études de notaire varient entre 115 et 130.000.000. Adoptons le chiffre de 120.000.000.

L'augmentation proposée de 50 % calculée sur cette base, atteint 60.000.000 qui seraient encaissés par la Bourse commune, dont les charges annuelles peuvent être ainsi établies :

1° Garantie des dépôts.	3 000 000
2° Service des retraites	9 000 000
3° Frais d'Administration.	600 000
4° Subventions pour suppressions d'études.	400 000
Total.	13 000 000

Report 13 000 000

Majorons encore ces chiffres, à titre
d'imprévu, de 2.000.000. . . . . . .   2 000 000

Nous obtenons un *total* de dépenses de.   15 000 000
La Bourse commune encaissant . . .   60 000 000

Il lui reste (soustraction inverse opérée)   45 000 000

Ces 45.000.000 répartis entre 8.140 études, représentent en chiffres ronds, 5.500 francs pour chaque étude.

Nous devons en outre remarquer, qu'il n'est pas tenu compte dans les chiffres ci-dessus, de l'augmentation des recettes de la Bourse commune pouvant résulter de l'extension du monopole, en ce qui concerne les actes relatifs aux immeubles, fonds de commerce et d'industrie.

II

Quel serait maintenant le bénéfice que chaque notaire retirerait de la réforme ?

La réponse est des plus simples :

A son produit ordinaire il doit ajouter 5.500 francs.

De sorte que le titulaire d'une étude d'un produit brut de 1.500 francs verra ce produit passer à 7.000 francs et une étude de Paris d'un produit de 300.000 francs, aura le même accroissement ; son produit passera à 305.500.

Enfin, tous les notaires auront droit à la retraite et autres avantages de la Bourse commune.

Ils trouveront encore une nouvelle source de recettes, qui viendra accroître leur produit dans l'extension du monopole résultant de l'article 2 du projet ci-dessus établi. Cette augmentation quoique difficile à chiffrer n'en est pas moins réelle et importante et nous devons observer, pour en tirer argument en temps opportun, que ce sont les grosses études qui en profiteront le plus. De plus, le projet ci-dessus prévoit (article 6. in-fine) la possibilité de prendre d'autres mesures utiles, par exemple l'organisation de l'assurance contre la responsabilité professionnelle. Ainsi, tous les notaires individuellement, trouvent dans ce système un énorme avantage.

En nous plaçant à un autre point de vue, le projet

nous fournit une solution élégante du rétablissement
du Notariat dans les pays envahis. Les Notaires de ces
régions recevront bien une indemnité de l'Etat, mais
cette indemnité destinée à la reconstitution de l'étude
n'assurera pas un produit annuel aux titulaires, qui
devront attendre pour la plupart, plusieurs années
avant de retrouver leur situation d'avant-guerre. La
répartition de la Bourse commune permettra à ces
notaires, si éprouvés et si dignes d'intérêts, de traverser
la période très difficile qui précèdera la reprise des
affaires.

Voilà pour les intérêts purement matériels et indivi-
duels des notaires. Considérons maintenant des effets
d'un intérêt plus général.

III

Depuis fort longtemps déjà, les critiques dirigées
contre le Notariat, ont amené les pouvoirs publics à se
préoccuper :

1° De l'inspection de comptabilité notariales où l'on
voyait à tort un remède héroïque propre à infuser une
vie nouvelle à la corporation. C'est une question acces-
soire dont on faisait la question principale ;

2° De la garantie des dépôts effectués dans les études
de notaire. Ces deux problèmes, si importants se trouvent pleinement résolus par l'institution de la Bourse
commune, qui diffère complètement de celle que l'on
projetait il y a quelques années. en ce sens, qu'établissant au préalable, entre les notaires, une solidarité
d'intérêts matériels, elle justifie la garantie collective.

Récapitulons maintenant les effets bienfaisants de la
réforme qui vient d'être étudié au triple point de vue
de l'Etat, du public et du Notariat.

L'Etat sera désormais débarrassé de tout souci de sur-
veillance en ce qui concerne la comptabilité et les
dépôts, aussi efficacement garantis, que s'ils étaient
déposés dans une caisse publique. De plus, l'extension
de l'obligation d'authenticité amènera la disparition
presque complète des dissimulations et assurera par ce
moyen des recettes supplémentaires annuelles au profit
du Trésor qui ne peuvent se chiffrer que par centaines
de millions.

Ainsi, l'Etat aura mené à bonne fin une réforme très importante sans qu'il lui en coûte rien ; et du même coup, il aura assuré à un budget toujours nécessiteux, quoique effroyablement riche, quelques centaines de millions de recettes annuelles.

L'opération est tentante et s'impose par ses résultats.

Le public paiera sans doute un supplément d'honoraires, mais ce n'est qu'un acte de bonne justice, mettant en harmonie les honoraires d'officiers publics, dont les fonctions deviennent de plus en plus complexes et difficiles avec les traitements augmentés de tous les fonctionnaires rétribués par l'Etat, qui n'ont pas comme les notaires, des capitaux engagés à rémunérer.

En échange de ce léger sacrifice supporté uniquement par ceux qui possèdent, le public trouvera dans le Notariat une sécurité complète et absolue, et ses titres de propriété seront plus réguliers et mieux conservés ; ce qui n'est pas à dédaigner.

En outre, il aura assuré le maintien et le perfectionnement d'un corps d'officiers publics auprès desquels il trouve des conseils précieux et qui sont les défenseurs nés des intérêts privés, et de la propriété individuelle, sans laquelle, n'en déplaise aux collectivistes et bolchevistes de tous pays, aucune Société ne saurait vivre et durer. La petite charge imposée à la clientèle notariale n'est donc pas sans compensation.

Le Notariat, dont la situation matérielle sera grandement améliorée, recevra une impulsion nouvelle. A l'abri de toute critique il jouira d'une considération indiscutée et méritée. Son recrutement sera assuré par les avantages nouveaux, qui lui vaudront des candidats d'un niveau moral et intellectuel plus élevé, d'une capacité professionnelle éprouvée et d'une solvabilité sans suspicion.

Chaque notaire sera à l'avenir, suivant l'expression en usage chez nos amis britanniques : « A Right man in the right place » (1).

Ainsi le Notariat français pourra, dans l'intérêt général, continuer d'exercer avec dignité et fierté sa haute mission sociale... son sacerdoce, comme disent certains auteurs.

---

(1) Traduction littérale : Un droit homme dans la droite place.

Quelles objections peut-on faire au système qui vient d'être exposé ?

1° On peut d'abord opposer à l'intérêt du Notariat, l'intérêt du public qui fait les frais de la réforme. N'est-ce pas pourtant de la plus stricte justice ? Le public doit payer les fonctionnaires et le gouvernement a reconnu lui-même en prenant l'initiative d'un relèvement de tarif que le sort des notaires doit être amélioré. La discussion ne peut donc porter que sur la quotité du relèvement et sur son mode de distribution.

Le chiffre de 50 % adopté par les notaires de Sarlat, n'est nullement exagéré ; et en fait, représente pour les Notaires, une majoration de salaire d'un tiers en un siècle. Quels sont donc les fonctionnaires directement rétribués par l'Etat qui n'ont pas bénéficié d'augmentations bien supérieures ?

La bonification proposée en faveur des notaires, en présence des charges nouvelles de l'existence, est bien minime et parfaitement justifiée.

Augmenter de 50 % des honoraires variant de 0 fr. 10 à 1 fr. 50 % dans les cas les plus favorisés, avec décroissance au delà d'un certain chiffre, n'est pas une charge sensible pour le public, qui aurait mauvaise grâce de contester au notaire 1.50 % sur une vente, alors qu'il ne fait aucune difficulté de payer 2 à 5 % à de simples agent d'affaires, mettant en rapport acheteur et vendeur. Il aurait d'autant plus tort de se plaindre, que la suppression de la vénalité serait pour lui une charge plus lourde, car il devrait payer les nouveaux notaires officiels et les notaires-conseils dont il devrait se faire assister.

L'intérêt public est donc bien sauvegardé, dans la réforme qui vient d'être exposée. Elle est la moins onéreuse, et en laissant subsister une organisation qui a fait ses preuves elle ne change rien à des habitudes aujourd'hui plus que séculaires.

Quant au mode de répartition des ressources nouvelles provenant de la majoration du tarif, c'est une affaire qui ne concerne que le Notariat, et les explications déjà données le justifient surabondamment ;

2° Les titulaires des grosses études peuvent soutenir que, jusqu'à ce jour, toute augmentation de tarif profitait aux Notaires proportionnellement au chiffre d'affaires de chaque étude, et qu'une quotité d'honoraires perçue par chaque notaire pour être distribuée par égalité entre tous, par le moyen de la Bourse commune, est contraire aux traditions notariales. Sans doute, mais qui ne voit que c'est là « le Deus ex Machina » de la réforme, et qu'une tradition qui ne permet pas d'augmenter de 500 francs le produit d'un notaire de campagne sans augmenter de 100.000 francs celui d'un notaire de Paris, ne doit pas être suivie. C'est de ce système que le Notariat se meurt et le législateur a le droit et le devoir d'adopter une autre méthode pour la répartition des nouvelles ressources notariales, alors surtout qu'il n'enlève rien aux grosses études et les fait participer aux nouveaux avantages concédés. Il n'y a rien à dire à cette innovation basée sur le droit souverain de l'Etat et sur l'intérêt public.

Et si cela constitue une révolution notariale, c'est une révolution bienfaisante et on ne peut plus justifiée et désirable.

Et puis... est-il bien vrai que les notaires des grandes villes soient dans la réforme proposée, traités sur le pied d'égalité ?

Non, ce n'est qu'une apparence, ils sont privilégiés.

Ils le sont parce que tirant d'abord les mêmes avantages de la Bourse commune que les notaires de campagne, ils bénéficieront dans des proportions bien supérieures, de l'obligation d'authenticité étendue aux ventes, partages, cessions de fonds de commerce et d'industrie. Après comme avant, la population et la richesse afflueront dans les grands centres dont les études continueront de se développer.

Enfin, autre avantage inappréciable, les titulaires des grosses études trouvent, dans cette réforme, la consolidation de leur situation par la disparition d'une perpétuelle menace de rachat.

Comment dès lors pourrait-on concevoir, comme on semble le craindre dans le notariat rural, une opposition systématique de la part des membres de l'aristocratie notariale. Il faudrait alors leur appliquer l'adage latin : « *Quos vult perdere Jupitor dementat* » car ils rendraient le rachat des études inévitable et seraient les victimes de cette mesure radicale.

3° L'extension du ressort est une autre dérogation à des traditions notariales qu'il est utile d'abandonner.

Le ressort a été établi, contre toute logique, par le souci de créer une hiérarchie harmonisée avec la société de l'époque et avec la difficulté des communications.

Il faut voir là une des causes de l'énorme disproportion de produits, existant aujourd'hui entre les études. Et ce qui pouvait paraître désirable en l'an XI est aujourd'hui nuisible et inadmissible. Le notaire de troisième classe voit tous les jours sa clientèle lui échapper, parce qu'il ne peut la suivre hors de son canton, circonscription minuscule, par ce temps de vapeur et d'électricité.

Inutile de rapporter ici tous les arguments pour et contre l'extension du ressort ; l'unification trouvait un obstacle sérieux quand on l'envisageait isolément, dans les droits acquis des notaires de première et deuxième classe ; mais ici elle est partie intégrante d'une réforme, formant bloc, qui assure à ces notaires une compensation magnifique. Certains peuvent dire que cette mesure favorisera la course aux affaires, l'une des plaies du Notariat ; l'argument n'est pas sérieux : les notaires de 3e classe ne seront pas plus favorisés à ce point de vue, que ceux des deux premières classes l'ont été dans le passé, puisqu'ils ont toujours pu instrumenter dans le ressort des notaires de 3e classe. Le correctif de cet abus éventuel se trouve dans l'obligation de résidence et la répression de la concurrence déloyale ;

4° On peut encore objecter que la condition « *sine qua non* » de la réforme, repose sur un relèvement de tarif de 50 % qu'il faut obtenir. On l'obtiendra parce que les pouvoirs publics sont acquis à cette mesure, qu'elle est de la plus grande nécessité comme de la plus simple équité et que les notaires ont droit à la justice comme tous les autres citoyens. Ajoutons même que si le relèvement de tarif n'était que de 30 %, ce qui ne serait pas en rapport avec les conditions nouvelles de l'existence, et si l'obligation d'authenticité n'était pas étendue, le système pourrait encore fonctionner, quoique d'une façon moins avantageuse, et qu'il constituerait un énorme progrès sur ce qui existe actuellement.

CONCLUSION

L'examen de la situation matérielle du Notariat nous conduit logiquement aux conclusions suivantes :

Quatre ou cinq mille notaires, réduits à la portion congrue qui ont souffert jusqu'ici sans se plaindre, d'un état de choses qu'ils n'ont pas créé mais subi, vont élever la voix pour réclamer plus de justice. Il leur est matériellement impossible de continuer plus longtemps l'exercice de leur ingrate profession dans les conditions actuelles, et si on ne veut pas les indemniser des pertes qu'ils ont subies pendant la guerre, par suite du manque à gagner, comme disent les commerçants, il faut au moins assurer leur avenir.

La question de réforme du Notariat est donc posée et bien posée :

Elle l'est non seulement par les milliers de notaires auxquels on doit un sort meilleur et qui le réclament, mais aussi par l'institution d'une Commission au Ministère de la Justice ; par le projet Gruet qui sera sans doute suivi d'autres projets.

Elle le sera demain, par la réorganisation administrative et judiciaire de la France.

Il serait donc puéril, pour le Notariat, de pratiquer la politique de l'autruche et puisqu'il ne peut échapper à une réforme qu'il en prenne l'initiative.

Le corps notarial est enfermé dans un dilemme ; il a le choix entre la réforme qui vient d'être préconisée ou une réforme différente dans ses modalités, mais aboutissant aux mêmes résultats et une autre réforme beaucoup plus radicale : le rachat des études par l'Etat.

En effet, si le Notariat des campagnes et des petites villes ne reçoit pas une prompte satisfaction, il ne lui restera d'autre ressource que d'établir un projet équitable de rachat, et d'en obtenir le vote aussi rapidement que possible. Contrairement à ce que pensent beaucoup de notaires, l'Etat réaliserait cette opération avec la plus grande facilité d'autant plus que la hardiesse des conceptions n'est pas ce qui manque à nos législateurs.

Mais si cette mesure devait être votée, le Notariat actuel avant de disparaître, pourrait répéter au public et à l'Etat, qu'il a bien servis, en les faisant siennes, les paroles qu'Henri IV adressait à ses familiers peu de jours avant sa mort : « Vous ne me connaissez pas encore vous autres ; mais je mourrai un de ces jours, et quand vous m'aurez perdu, vous connaîtrez lors ce que je valois et la différence qu'il y a de moy aux autres hommes. »

Et ce serait le chant du cygne de la corporation créée par le législateur de l'an XI.

NOTE COMPLEMENTAIRE

L'auteur de cette modeste étude a été inspirée par le seul souci de remédier à la situation extrêmement grave du Notariat, dont l'existence même est en jeu. La réforme proposée n'a qu'un but : l'intérêt général de la corporation harmonisé avec l'intérêt public. On peut donc espérer que tous les notaires, mêmes ceux qui ne seraient pas acquis tout d'abord au projet, voudront bien lui accorder toute leur attention et se rendre compte que son adoption trancherait à peu près toutes les difficultés notariales et assureraient à chacun la juste rémunération qui lui est due.

L'Assemblée générale des Notaires de Clermont-Ferrand en a jugé ainsi en donnant au projet son adhésion de principe et en décidant qu'il serait communiqué à ses frais à tous les présidents de Chambre. Cette Compagnie comprend des grosses, des moyennes et des petites études ; c'est assez dire que sa décision a été le triomphe de l'intérêt général sur les préférences individuelles. L'auteur remplit ici un agréable devoir en offrant à ses confrères de Clermont, l'expression de sa vive reconnaissance.

Depuis le mois d'octobre 1918, date de la rédaction de ce petit travail, la communication restreinte qui en a été faite, a permis aux objections de se faire jour et comme ces objections seront sans aucun doute, celles de tous les adversaires du projet, il est utile de les signaler ici dans l'ordre et dans la forme où elles ont été présentées et d'y répondre d'une façon succincte :

1° Les appointements des clercs des grosses études ayant augmenté, le bénéfice qu'elles retireraient du projet serait insuffisant.

L'intérêt des grosses études n'est pas seul en jeu, elles sont peu nombreuses et leurs titulaires recevront toujours les sourires de la fortune. Par contre, il y a des milliers de notaires auxquels il convient d'assurer le pain quotidien. Les intérêts des grosses études sont respectables ; mais, tout de même, les plaintes d'un notaire gagnant 50.000 francs et qui par le fait de la réforme verra son produit s'élever au moins à 60.000 fr., ne sont pas très émouvantes.

Néanmoins, pour répondre à cette préoccupation, on pourrait demander une atténuation de la décroissance des honoraires ;

2° *La quotité d'honoraires versés à la Bourse commune est trop forte.*

Les chiffres indiqués au projet, montrent que le versement d'un tiers des honoraires à la Bourse commune est nécessaire. Si on veut trouver des notaires, il est bon de leur assurer une rétribution au moins égale à celle de l'instituteur de leur résidence ; or ,d'après un vote récent de la Chambre, les traitements des instituteurs varieront de 3.600 à 7.000 francs non compris, bien entendu les avantages accessoires de profession : logements gratuits, Secrétariats de Mairie, etc., et ces fonctionnaires n'ont pas de charges à acheter.

On a peine à concevoir que de pareilles objections puissent se trouver sous la plume d'un notaire à une époque où de simples employés de bureau débutent a 500 francs par mois.

Les traitements proposés par M. Gruet pour les notaires sont de 6.000, 9.000 et 12.000 francs ; il convient de se rapprocher de ces chiffres, sinon pour beaucoup de notaires, le rachat serait plus avantageux ;

3° *Les titulaires des petites études auxquels on versera un traitement de 5 à 6.000 francs, n'auront aucun intérêt à travailler.*

A qui fera-t-on croire qu'un notaire ayant la possibilité de gagner avec un travail modéré 2 ou 3.000 francs en plus de la répartition de la Bourse commune, renoncera à ce gain par pure inertie ? C'est absurde ;

4° *Les titulaires des grosses et moyennes études ne voudront plus travailler pour voir leur produit amputé d'un tiers au profit des confrères.*

Le projet n'enlève rien à ces études et leur assure une augmentation de produits ; leur situation sera meilleure après qu'avant. Il est indispensable, en vertu de la solidarité nationale de prélever par le moyen de la

Bourse commune sur la clientèle riche des villes les ressources nécessaires pour maintenir les études des pays pauvres et dans ce but de considérer les titulaires des études importantes comme agents de perception.

Les gros notaires préféreraient-ils la situation qui leur serait faite par le rachat ?

5° La valeur des études changerait ; les petites études reviendraient beaucoup plus cher.

Elles se rapprocheraient seulement de la valeur qu'elles ont eu déjà, et qu'avec une meilleure organisation elles n'auraient pas dû perdre. C'est une œuvre de justice et de réparation.

L'auteur de cette objection trouve mauvais que la valeur d'une étude de campagne soit augmentée de quelques milliers de francs, mais il trouverait bon que par une simple majoration de tarif la valeur des grosses études soit augmentée de plusieurs centaines de mille francs.

La plus-value globale donnée aux études par une bonification de tarif est en corrélation étroite avec cette bonification et reste la même, quelle que soit sa répartition entre les études. Si les petites études n'en profitent pas ou très peu ; ce sont les grosses études qui en bénéficient. Ce n'est pas pour attendre ce résultat qu'on demande une réforme et cette thèse est insoutenable.

Les grosses et moyennes études seront diminuées parce que leur revenu sera fortement abaissé.

C'est tout simplement le contraire de la vérité. Qu'on lise le projet : les produits de *toutes les études* seront augmentés et par suite leur valeur.

Les critiques ainsi formulées, n'atteignent en aucune façon, ni la réforme proposée, ni les principes qui lui servent de base. Il s'agit de savoir si pour garder au Notariat sa forme actuelle, il se trouvera une majorité parmi les notaires, pour appuyer l'œuvre de justice et de saine démocratie imposée par les évènements. On ne saurait en douter, la corporation se devant à elle même de faire régner dans son sein, le même esprit d'équité dont elle fait preuve chaque jour dans la gestion des affaires qui lui sont confiées.

Deux faits nouveaux ou plutôt deux informations méritent d'être signalées ici :

Il s'agit :

1° De la majoration attendue, du tarif actuel. Cette majoration si elle se produit, sera sans doute la bienvenue, mais ne résoudra pas le problème notarial. Elle profitera surtout aux études importantes dont les titulaires seront peut-être satisfaits et ne s'opposeront plus, espérons-le, à la demande d'un nouvelle majoration destinée à alimenter la Bourse commune nationale.

2° D'un projet qui comporterait des Bourses communes régionales, garantissant les dépôts, et assurant peut-être de menus avantages aux petites études. Si ce n'est pas nouveau, c'est du moins habile pour faire échec à la réforme qui vient d'être étudiée.

Le Notariat protestera avec énergie. En matière notariale qui dit régionalisme dit privilège injustifié et il serait monstrueux de rejeter les légitimes revendications de plusieurs milliers de notaires, pour assurer à 300 ou 400 études qui encaissent déjà la moitié des honoraires perçus dans toute la France un développement indéfini encore plus considérable et plus rapide que celui qui leur est garanti par la réforme préconisée dans ce petit opuscule.

Avec raison le Parlement ne sanctionnerait pas de pareilles prétentions.

Le Notariat se prononcera donc sur son propre sort et s'il approuve avec ou sans modifications la réforme qui lui est soumise, il prendra les décisions et les initiatives nécessaires pour la réaliser.

On ne saurait trop recommander dans ce but, la constitution d'Associations syndicales dans chaque département et le groupement de ces associations en une Fédération nationale.

Le Notariat serait aujourd'hui en meilleure posture si le magnifique mouvement de jadis n'avait pas été enrayé par l'obstruction que l'on sait.

Que les notaires se syndiquent donc, ils seront réellement, et efficacement représentés, et ils obtiendront satisfaction.

Clermont-Ferrand, Imp. Moderne, A. Dumont, Directeur, 15, Rue du Port

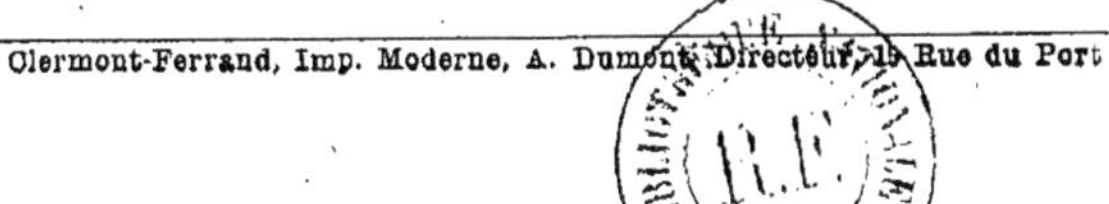